TRANZLATY

La lingua è per tutti

Language is for everyone

La Bella e la Bestia

Beauty and the Beast

Gabrielle-Suzanne Barbot de Villeneuve

Italiano / English

Copyright © 2025 Tranzlaty
All rights reserved
Published by Tranzlaty
ISBN: 978-1-80572-999-0
Original text by Gabrielle-Suzanne Barbot de Villeneuve
La Belle et la Bête
First published in French in 1740
Taken from The Blue Fairy Book (Andrew Lang)
Illustration by Walter Crane
www.tranzlaty.com

C'era una volta un ricco mercante
There was once a rich merchant
Questo ricco mercante ebbe sei figli
this rich merchant had six children
Ebbe tre figli e tre figlie
he had three sons and three daughters
Non ha badato a spese per la loro istruzione
he spared no cost for their education
perché era un uomo di buon senso
because he was a man of sense
ma diede ai suoi figli molti servi
but he gave his children many servants
le sue figlie erano estremamente carine
his daughters were extremely pretty
e la figlia più giovane era particolarmente carina
and his youngest daughter was especially pretty
già da bambina la sua bellezza era ammirata
as a child her Beauty was already admired
e il popolo la chiamava con la sua bellezza
and the people called her by her Beauty
la sua bellezza non è svanita con l'avanzare dell'età
her Beauty did not fade as she got older
così la gente continuava a chiamarla con la sua bellezza
so the people kept calling her by her Beauty
Questo rese le sue sorelle molto gelose
this made her sisters very jealous
Le due figlie maggiori erano molto orgogliose
the two eldest daughters had a great deal of pride
La loro ricchezza era la fonte del loro orgoglio
their wealth was the source of their pride
E non nascondevano nemmeno il loro orgoglio
and they didn't hide their pride either
non visitavano le figlie di altri mercanti
they did not visit other merchants' daughters
perché incontrano solo l'aristocrazia
because they only meet with aristocracy

Uscivano tutti i giorni alle feste
they went out every day to parties
balli, spettacoli teatrali, concerti e così via
balls, plays, concerts, and so forth
e risero della loro sorella minore
and they laughed at their youngest sister
perché passava la maggior parte del suo tempo a leggere
because she spent most of her time reading
Era risaputo che erano ricchi
it was well known that they were wealthy
Così diversi eminenti mercanti chiesero la loro mano
so several eminent merchants asked for their hand
Ma hanno detto che non si sarebbero sposati
but they said they were not going to marry
ma erano pronti a fare alcune eccezioni
but they were prepared to make some exceptions
"forse potrei sposare un duca"
"perhaps I could marry a Duke"
"Immagino che potrei sposare un conte"
"I guess I could marry an Earl"
Bella ringraziava molto civilmente coloro che le chiedevano di sposarlo
Beauty very civilly thanked those that proposed to her
Disse loro che era ancora troppo giovane per sposarsi
she told them she was still too young to marry
Voleva stare ancora qualche anno con suo padre
she wanted to stay a few more years with her father
All'improvviso il mercante perse la sua fortuna
All at once the merchant lost his fortune
perse tutto tranne una piccola casa di campagna
he lost everything apart from a small country house
E disse ai suoi figli con le lacrime agli occhi:
and he told his children with tears in his eyes:
"Dobbiamo andare in campagna"
"we must go to the countryside"
"E dobbiamo lavorare per vivere"

"and we must work for our living"
Le due figlie maggiori non volevano lasciare la città
the two eldest daughters didn't want to leave the town
Avevano diversi amanti in città
they had several lovers in the city
ed erano sicuri che uno dei loro amanti li avrebbe sposati
and they were sure one of their lovers would marry them
Pensavano che i loro amanti li avrebbero sposati anche senza fortuna
they thought their lovers would marry them even with no fortune
ma le brave signore si sbagliavano
but the good ladies were mistaken
i loro amanti li abbandonarono molto rapidamente
their lovers abandoned them very quickly
perché non avevano più fortuna
because they had no fortunes any more
Questo ha dimostrato che in realtà non erano ben voluti
this showed they were not actually well liked
Tutti hanno detto che non meritano di essere compatiti
everybody said they do not deserve to be pitied
"Siamo lieti di vedere il loro orgoglio umiliato"
"we are glad to see their pride humbled"
"Si fobbino di mungere le mucche"
"let them be proud of milking cows"
ma erano preoccupati per Bella
but they were concerned for Beauty
Era una creatura così dolce
she was such a sweet creature
Parlava così gentilmente alla povera gente
she spoke so kindly to poor people
ed era di una natura così innocente
and she was of such an innocent nature
Diversi gentiluomini l'avrebbero sposata
Several gentlemen would have married her
l'avrebbero sposata anche se era povera

they would have married her even though she was poor
Ma lei disse loro che non poteva sposarli
but she told them she couldn't marry them
perché non voleva lasciare suo padre
because she would not leave her father
Era decisa ad andare con lui in campagna
she was determined to go with him to the countryside
in modo che potesse confortarlo e aiutarlo
so that she could comfort and help him
La povera Bella era molto addolorata all'inizio
Poor Beauty was very grieved at first
era addolorata per la perdita della sua fortuna
she was grieved by the loss of her fortune
"Ma piangere non cambierà le mie fortune"
"but crying won't change my fortunes"
"Devo cercare di rendermi felice senza ricchezza"
"I must try to make myself happy without wealth"
Arrivarono nella loro casa di campagna
they came to their country house
e il mercante e i suoi tre figli si dedicarono all'agricoltura
and the merchant and his three sons applied themselves to husbandry
Bella si alzava alle quattro del mattino
Beauty rose at four in the morning
e si affrettò a pulire la casa
and she hurried to clean the house
e si assicurò che la cena fosse pronta
and she made sure dinner was ready
All'inizio ha trovato la sua nuova vita molto difficile
in the beginning she found her new life very difficult
perché non era stata abituata a un lavoro del genere
because she had not been used to such work
ma in meno di due mesi divenne più forte
but in less than two months she grew stronger
ed era più sana che mai
and she was healthier than ever before

Dopo aver finito il suo lavoro, leggeva
after she had done her work she read
Suonava il clavicembalo
she played on the harpsichord
o cantava mentre filava la seta
or she sung whilst she spun silk
Al contrario, le sue due sorelle non sapevano come passare il loro tempo
on the contrary, her two sisters did not know how to spend their time
Si alzavano alle dieci e non facevano altro che oziare tutto il giorno
they got up at ten and did nothing but laze about all day
Hanno lamentato la perdita dei loro bei vestiti
they lamented the loss of their fine clothes
e si lamentavano di aver perso i loro conoscenti
and they complained about losing their acquaintances
"Dai un'occhiata alla nostra sorella più piccola", si dissero l'un l'altro
"Have a look at our youngest sister," they said to each other
"Che povera e stupida creatura è"
"what a poor and stupid creature she is"
"È meschino accontentarsi di così poco"
"it is mean to be content with so little"
Il gentile mercante era di tutt'altra opinione
the kind merchant was of quite a different opinion
sapeva benissimo che Bella eclissava le sue sorelle
he knew very well that Beauty outshone her sisters
Li ha eclissati sia nel carattere che nella mente
she outshone them in character as well as mind
ammirava la sua umiltà e il suo duro lavoro
he admired her humility and her hard work
ma più di tutto ammirava la sua pazienza
but most of all he admired her patience
Le sue sorelle le lasciarono tutto il lavoro da fare
her sisters left her all the work to do

e l'hanno insultata in ogni momento
and they insulted her every moment
La famiglia viveva così da circa un anno
The family had lived like this for about a year
Poi il mercante ricevette una lettera da un contabile
then the merchant got a letter from an accountant
Aveva investito in una nave
he had an investment in a ship
e la nave era arrivata sana e salva
and the ship had safely arrived
Questa notizia fece girare la testa alle due figlie maggiori
this news turned the heads of the two eldest daughters
Ebbero subito la speranza di tornare in città
they immediately had hopes of returning to town
perché erano abbastanza stanchi della vita di campagna
because they were quite weary of country life
Andarono dal padre mentre se ne andava
they went to their father as he was leaving
Lo pregarono di comprare loro dei vestiti nuovi
they begged him to buy them new clothes
vestiti, nastri e ogni sorta di piccole cose
dresses, ribbons, and all sorts of little things
ma Bella non ha chiesto nulla
but Beauty asked for nothing
perché pensava che i soldi non sarebbero stati sufficienti
because she thought the money wasn't going to be enough
Non ci sarebbe stato abbastanza per comprare tutto ciò che le sue sorelle volevano
there wouldn't be enough to buy everything her sisters wanted
«Che cosa ti piacerebbe, Bella?» chiese il padre
"What would you like, Beauty?" asked her father
«Grazie, padre, per la bontà di pensare a me», disse
"thank you, father, for the goodness to think of me," she said
"Padre, sii così gentile da portarmi una rosa"
"father, be so kind as to bring me a rose"

"Perché qui in giardino non crescono rose"
"because no roses grow here in the garden"
"E le rose sono una specie di rarità"
"and roses are a kind of rarity"
Bella non importava davvero delle rose
Beauty didn't really care for roses
Chiedeva solo qualcosa per non condannare le sue sorelle
she only asked for something not to condemn her sisters
Ma le sue sorelle pensavano che avesse chiesto delle rose per altri motivi
but her sisters thought she asked for roses for other reasons
"Lo faceva solo per sembrare particolare"
"she did it just to look particular"
L'uomo gentile proseguì il suo viaggio
The kind man went on his journey
ma quando arrivò, litigarono per la merce
but when he arrived they argued about the merchandise
e dopo un sacco di guai tornò povero come prima
and after a lot of trouble he came back as poor as before
Era a un paio d'ore da casa sua
he was within a couple of hours of his own house
e già immaginava la gioia di vedere i suoi figli
and he already imagined the joy of seeing his children
ma quando attraversava la foresta si perdeva
but when going through forest he got lost
Pioveva e nevicava terribilmente
it rained and snowed terribly
Il vento era così forte che lo fece cadere da cavallo
the wind was so strong it threw him off his horse
e la notte stava arrivando in fretta
and night was coming quickly
Cominciò a pensare che avrebbe potuto morire di fame
he began to think that he might starve
e pensò che sarebbe potuto morire assidere
and he thought that he might freeze to death
E pensava che i lupi potessero mangiarlo

and he thought wolves may eat him
i lupi che sentiva ululare intorno a lui
the wolves that he heard howling all round him
ma all'improvviso vide una luce
but all of a sudden he saw a light
Vide la luce in lontananza attraverso gli alberi
he saw the light at a distance through the trees
Quando si avvicinò, vide che la luce era un palazzo
when he got closer he saw the light was a palace
Il palazzo era illuminato da cima a fondo
the palace was illuminated from top to bottom
il mercante ringraziò Dio per la sua fortuna
the merchant thanked God for his luck
e si affrettò a palazzo
and he hurried to the palace
ma fu sorpreso di non vedere nessuno nel palazzo
but he was surprised to see no people in the palace
Il cortile era completamente vuoto
the court yard was completely empty
e non c'era segno di vita da nessuna parte
and there was no sign of life anywhere
Il suo cavallo lo seguì nel palazzo
his horse followed him into the palace
e poi il suo cavallo trovò una grande stalla
and then his horse found large stable
il povero animale era quasi affamato
the poor animal was almost famished
Così il suo cavallo andò a cercare fieno e avena
so his horse went in to find hay and oats
Fortunatamente trovò molto da mangiare
fortunately he found plenty to eat
e il mercante legò il cavallo alla mangiatoia
and the merchant tied his horse up to the manger
Camminando verso la casa non vide nessuno
walking towards the house he saw no one
ma in una grande sala trovò un buon fuoco

but in a large hall he found a good fire
e trovò una tavola apparecchiata per uno
and he found a table set for one
Era bagnato dalla pioggia e dalla neve
he was wet from the rain and snow
Così si avvicinò al fuoco per asciugarsi
so he went near the fire to dry himself
"Spero che il padrone di casa mi scusi"
"I hope the master of the house will excuse me"
"Suppongo che non ci vorrà molto prima che qualcuno appaia"
"I suppose it won't take long for someone to appear"
Attese a lungo
He waited a considerable time
Attese che battessero le undici, e ancora non arrivò nessuno
he waited until it struck eleven, and still nobody came
Alla fine era così affamato che non poteva più aspettare
at last he was so hungry that he could wait no longer
Prese del pollo e lo mangiò in due bocconi
he took some chicken and ate it in two mouthfuls
Stava tremando mentre mangiava il cibo
he was trembling while eating the food
Dopo di che bevve qualche bicchiere di vino
after this he drank a few glasses of wine
Diventando più coraggioso, uscì dalla sala
growing more courageous he went out of the hall
e attraversò diverse grandi sale
and he crossed through several grand halls
Camminò per il palazzo finché non entrò in una camera
he walked through the palace until he came into a chamber
una camera che aveva un letto estremamente buono
a chamber which had an exceeding good bed in it
era molto stanco per il suo calvario
he was very much fatigued from his ordeal
e l'ora era già passata la mezzanotte
and the time was already past midnight

Così decise che era meglio chiudere la porta
so he decided it was best to shut the door
e concluse che doveva andare a letto
and he concluded he should go to bed
Erano le dieci del mattino quando il mercante si svegliò
It was ten in the morning when the merchant woke up
Proprio mentre stava per alzarsi, vide qualcosa
just as he was going to rise he saw something
Rimase stupito nel vedere un set di vestiti puliti
he was astonished to see a clean set of clothes
nel luogo in cui aveva lasciato i suoi vestiti sporchi
in the place where he had left his dirty clothes
"Certamente questo palazzo appartiene a una fata gentile"
"certainly this palace belongs to some kind fairy"
"una fata che mi ha visto e mi ha compatito"
"a fairy who has seen and pitied me"
Guardò attraverso una finestra
he looked through a window
ma invece della neve vide il giardino più delizioso
but instead of snow he saw the most delightful garden
e nel giardino c'erano le rose più belle
and in the garden were the most beautiful roses
Poi tornò nella Sala Grande
he then returned to the great hall
la sala dove aveva mangiato la zuppa la sera prima
the hall where he had had soup the night before
e trovò della cioccolata su un tavolino
and he found some chocolate on a little table
«Grazie, buona Madama Fata», disse ad alta voce
"Thank you, good Madam Fairy," he said aloud
"Grazie per essere così premuroso"
"thank you for being so caring"
"Vi sono estremamente grato per tutti i vostri favori"
"I am extremely obliged to you for all your favours"
L'uomo gentile bevve la sua cioccolata
the kind man drank his chocolate

e poi andò a cercare il suo cavallo
and then he went to look for his horse
ma in giardino si ricordò della richiesta Di Bella
but in the garden he remembered Beauty's request
e tagliò un ramo di rose
and he cut off a branch of roses
Immediatamente udì un gran rumore
immediately he heard a great noise
e vide una bestia terribilmente spaventosa
and he saw a terribly frightful Beast
Era così spaventato che era sul punto di svenire
he was so scared that he was ready to faint
"Sei molto ingrato," gli disse la Bestia
"You are very ungrateful," said the Beast to him
e la Bestia parlò con voce terribile
and the Beast spoke in a terrible voice
"Ti ho salvato la vita permettendoti di entrare nel mio castello"
"I have saved your life by allowing you into my castle"
"E per questo mi rubi in cambio le mie rose?"
"and for this you steal my roses in return?"
"Le rose che apprezzo più di ogni altra cosa"
"The roses which I value beyond anything"
"Ma tu morirai per quello che hai fatto"
"but you shall die for what you've done"
"Ti do solo un quarto d'ora per prepararti"
"I give you but a quarter of an hour to prepare yourself"
"Preparati alla morte e dì le tue preghiere"
"get yourself ready for death and say your prayers"
Il mercante cadde in ginocchio
the merchant fell on his knees
e alzò entrambe le mani
and he lifted up both his hands
"Mio signore, ti supplico di perdonarmi"
"My lord, I beseech you to forgive me"
"Non avevo intenzione di offenderti"

"I had no intention of offending you"
"Ho raccolto una rosa per una delle mie figlie"
"I gathered a rose for one of my daughters"
"Mi ha chiesto di portarle una rosa"
"she asked me to bring her a rose"
"Non sono il tuo signore, ma sono una Bestia," rispose il mostro
"I am not your lord, but I am a Beast," replied the monster
"Non amo i complimenti"
"I don't love compliments"
"Mi piacciono le persone che parlano come pensano"
"I like people who speak as they think"
"non crediate che io possa essere commosso dall'adulazione"
"do not imagine I can be moved by flattery"
"Ma tu dici di avere delle figlie"
"But you say you have got daughters"
"Ti perdonerò a una condizione"
"I will forgive you on one condition"
"Una delle tue figlie deve venire volentieri al mio palazzo"
"one of your daughters must come to my palace willingly"
"E deve soffrire per te"
"and she must suffer for you"
"Fammi avere la tua parola"
"Let me have your word"
"E poi puoi fare i fatti tuoi"
"and then you can go about your business"
"Promettimi questo:"
"Promise me this:"
"Se tua figlia si rifiuta di morire per te, devi tornare entro tre mesi"
"if your daughter refuses to die for you, you must return within three months"
Il mercante non aveva intenzione di sacrificare le sue figlie
the merchant had no intentions to sacrifice his daughters
ma, poiché gli era stato dato tempo, voleva rivedere le sue figlie

but, since he was given time, he wanted to see his daughters once more
Così promise che sarebbe tornato
so he promised he would return
e la Bestia gli disse che poteva partire quando gli piaceva
and the Beast told him he might set out when he pleased
e la Bestia gli disse un'altra cosa
and the Beast told him one more thing
"Non te ne andrai a mani vuote"
"you shall not depart empty handed"
"Torna nella stanza dove ti sei sdraiato"
"go back to the room where you lay"
"Vedrai un grande scrigno vuoto"
"you will see a great empty treasure chest"
"Riempi lo scrigno del tesoro con ciò che ti piace di più"
"fill the treasure chest with whatever you like best"
"e manderò lo scrigno a casa tua"
"and I will send the treasure chest to your home"
e nello stesso tempo la Bestia si ritirò
and at the same time the Beast withdrew
"Ebbene," disse il brav'uomo tra sé
"Well," said the good man to himself
"se devo morire, lascerò almeno qualcosa ai miei figli"
"if I must die, I shall at least leave something to my children"
Così tornò nella camera da letto
so he returned to the bedchamber
e trovò un gran numero di pezzi d'oro
and he found a great many pieces of gold
riempì lo scrigno del tesoro di cui la Bestia aveva parlato
he filled the treasure chest the Beast had mentioned
e prese il cavallo dalla stalla
and he took his horse out of the stable
La gioia che provava entrando nel palazzo era ora pari al dolore che provava lasciandolo
the joy he felt when entering the palace was now equal to the grief he felt leaving it

Il cavallo prese una delle strade della foresta
the horse took one of the roads of the forest
e in poche ore il brav'uomo fu a casa
and in a few hours the good man was home
i suoi figli vennero da lui
his children came to him
ma invece di ricevere i loro abbracci con piacere, li guardò
but instead of receiving their embraces with pleasure, he looked at them
Sollevò il ramo che aveva tra le mani
he held up the branch he had in his hands
e poi scoppiò in lacrime
and then he burst into tears
"Bellezza", disse, "per favore prendi queste rose"
"Beauty," he said, "please take these roses"
"Non puoi sapere quanto siano state costose queste rose"
"you can't know how costly these roses have been"
"Queste rose sono costate la vita a tuo padre"
"these roses have cost your father his life"
e poi raccontò la sua fatale avventura
and then he told of his fatal adventure
Immediatamente le due sorelle maggiori gridarono
immediately the two eldest sisters cried out
E dissero molte cose cattive alla loro bella sorella
and they said many mean things to their beautiful sister
ma Bella non pianse affatto
but Beauty did not cry at all
"Guarda l'orgoglio di quel disgraziato," dissero.
"Look at the pride of that little wretch," said they
"Non ha chiesto bei vestiti"
"she did not ask for fine clothes"
"Avrebbe dovuto fare quello che abbiamo fatto noi"
"she should have done what we did"
"Voleva distinguersi"
"she wanted to distinguish herself"
"Così ora sarà la morte del Padre nostro"

"so now she will be the death of our father"
"eppure non versa una lacrima"
"and yet she does not shed a tear"
"Perché dovrei piangere?" rispose Bella
"Why should I cry?" answered Beauty
"Piangere sarebbe molto inutile"
"crying would be very needless"
"Il Padre mio non patirà per me"
"my father will not suffer for me"
"Il mostro accetterà una delle sue figlie"
"the monster will accept of one of his daughters"
"Mi offrirò a tutto il suo furore"
"I will offer myself up to all his fury"
"Sono molto felice, perché la mia morte salverà la vita di mio padre"
"I am very happy, because my death will save my father's life"
"La mia morte sarà una prova del mio amore"
"my death will be a proof of my love"
«No, sorella», dissero i tre fratelli
"No, sister," said her three brothers
"Questo non avverrà"
"that shall not be"
"Andremo a cercare il mostro"
"we will go find the monster"
"E o lo uccideremo..."
"and either we will kill him..."
"... o periremo nel tentativo"
"... or we will perish in the attempt"
"Non immaginate una cosa del genere, figli miei," disse il mercante
"Do not imagine any such thing, my sons," said the merchant
"il potere della Bestia è così grande che non ho alcuna speranza che tu possa sconfiggerlo"
"the Beast's power is so great that I have no hope you could overcome him"
"Sono affascinato dalla gentile e generosa offerta di Bella"

"I am charmed with Beauty's kind and generous offer"
"ma non posso accettare la sua generosità"
"but I cannot accept to her generosity"
"Sono vecchio e non mi resta molto da vivere"
"I am old, and I don't have long to live"
"così posso perdere solo qualche anno"
"so I can only loose a few years"
"Tempo che rimpiango per voi, miei cari figli"
"time which I regret for you, my dear children"
«Ma padre» disse Bella
"But father," said Beauty
"Non andrai a palazzo senza di me"
"you shall not go to the palace without me"
"Non puoi impedirmi di seguirti"
"you cannot stop me from following you"
nulla potrebbe convincere Bella del contrario
nothing could convince Beauty otherwise
Insistette per andare al bel palazzo
she insisted on going to the fine palace
e le sue sorelle erano contente della sua insistenza
and her sisters were delighted at her insistence
Il mercante era preoccupato al pensiero di perdere la figlia
The merchant was worried at the thought of losing his daughter
Era così preoccupato che si era dimenticato del forziere pieno d'oro
he was so worried that he had forgotten about the chest full of gold
Di notte si ritirava a riposare e chiudeva la porta della camera
at night he retired to rest, and he shut his chamber door
poi, con suo grande stupore, trovò il tesoro accanto al letto
then, to his great astonishment, he found the treasure by his bedside
Era deciso a non dirlo ai suoi figli
he was determined not to tell his children

Se l'avessero saputo, avrebbero voluto tornare in città
if they knew, they would have wanted to return to town
ed era deciso a non lasciare la campagna
and he was resolved not to leave the countryside
ma lui si fidava di Bella con il segreto
but he trusted Beauty with the secret
Lo informò che erano venuti due signori
she informed him that two gentlemen had came
e fecero proposte alle sue sorelle
and they made proposals to her sisters
Pregò suo padre di acconsentire al loro matrimonio
she begged her father to consent to their marriage
e gli chiese di dare loro un po' della sua fortuna
and she asked him to give them some of his fortune
Lei li aveva già perdonati
she had already forgiven them
Le creature malvagie si strofinavano gli occhi con le cipolle
the wicked creatures rubbed their eyes with onions
per forzare alcune lacrime quando si sono separati dalla sorella
to force some tears when they parted with their sister
Ma i suoi fratelli erano davvero preoccupati
but her brothers really were concerned
Bella era l'unica che non versava lacrime
Beauty was the only one who did not shed any tears
Non voleva aumentare il loro disagio
she did not want to increase their uneasiness
Il cavallo prese la strada diretta verso il palazzo
the horse took the direct road to the palace
e verso sera videro il palazzo illuminato
and towards evening they saw the illuminated palace
Il cavallo si riportò nella stalla
the horse took himself into the stable again
E il brav'uomo e sua figlia entrarono nella sala grande
and the good man and his daughter went into the great hall
Qui trovarono una tavola splendidamente imbandita

here they found a table splendidly served up
Il mercante non aveva appetito per mangiare
the merchant had no appetite to eat
ma Bella si sforzava di apparire allegra
but Beauty endeavoured to appear cheerful
Si sedette a tavola e aiutò suo padre
she sat down at the table and helped her father
Ma pensò anche tra sé:
but she also thought to herself:
"La bestia vuole certo ingrassarmi prima di mangiarmi"
"Beast surely wants to fatten me before he eats me"
"Ecco perché provvede così tanti divertimenti"
"that is why he provides such plentiful entertainment"
Dopo aver mangiato, udirono un gran rumore
after they had eaten they heard a great noise
e il mercante disse addio al suo sfortunato bambino, con le lacrime agli occhi
and the merchant bid his unfortunate child farewell, with tears in his eyes
perché sapeva che la Bestia stava arrivando
because he knew the Beast was coming
Bella era terrorizzata dalla sua forma orribile
Beauty was terrified at his horrid form
ma si fece coraggio meglio che poté
but she took courage as well as she could
e il mostro le chiese se fosse venuta volentieri
and the monster asked her if she came willingly
«Sì, sono venuta volentieri», disse lei tremante
"yes, I have come willingly," she said trembling
la Bestia rispose: "Sei molto buono"
the Beast responded, "You are very good"
"e vi sono molto grato; uomo onesto"
"and I am greatly obliged to you; honest man"
"Andate per la vostra strada domani mattina"
"go your ways tomorrow morning"
"ma non pensare mai più di venire qui"

"but never think of coming here again"
"Addio Bella, addio Bestia," rispose lui
"Farewell Beauty, farewell Beast," he answered
e subito il mostro si ritirò
and immediately the monster withdrew
"Oh, figlia," disse il mercante
"Oh, daughter," said the merchant
e abbracciò ancora una volta la figlia
and he embraced his daughter once more
"Ho quasi paura a morte"
"I am almost frightened to death"
"Credimi, faresti meglio a tornare indietro"
"believe me, you had better go back"
"Lasciami stare qui, al posto tuo"
"let me stay here, instead of you"
«No, padre» disse Bella in tono risoluto
"No, father," said Beauty, in a resolute tone
"Partirai domani mattina"
"you shall set out tomorrow morning"
"Lasciami alle cure e alla protezione della Provvidenza"
"leave me to the care and protection of providence"
Ciononostante andarono a letto
nonetheless they went to bed
Pensavano che non avrebbero chiuso occhio tutta la notte
they thought they would not close their eyes all night
ma proprio come si sdraiarono, dormirono
but just as they lay down they slept
Bella sognò che una bella dama veniva e le diceva:
Beauty dreamed a fine lady came and said to her:
"Sono contenta, Bella, della tua buona volontà"
"I am content, Beauty, with your good will"
"Questa tua buona azione non rimarrà senza ricompensa"
"this good action of yours shall not go unrewarded"
Bella si svegliò e raccontò a suo padre il suo sogno
Beauty waked and told her father her dream
Il sogno lo aiutò a confortarlo un po'

the dream helped to comfort him a little
ma non poté fare a meno di piangere amaramente mentre se ne andava
but he could not help crying bitterly as he was leaving
appena se ne fu andato, Bella sedette nella grande sala e pianse anche lei
as soon as he was gone, Beauty sat down in the great hall and cried too
ma decise di non essere a disagio
but she resolved not to be uneasy
Decise di essere forte per il poco tempo che le restava da vivere
she decided to be strong for the little time she had left to live
perché credeva fermamente che la Bestia l'avrebbe mangiata
because she firmly believed the Beast would eat her
Tuttavia, pensò che avrebbe potuto anche esplorare il palazzo
however, she thought she might as well explore the palace
e voleva vedere il bel castello
and she wanted to view the fine castle
un castello che non poté fare a meno di ammirare
a castle which she could not help admiring
Era un palazzo deliziosamente piacevole
it was a delightfully pleasant palace
e fu estremamente sorpresa nel vedere una porta
and she was extremely surprised at seeing a door
e sopra la porta c'era scritto che era la sua stanza
and over the door was written that it was her room
Aprì la porta in fretta
she opened the door hastily
e lei era piuttosto abbagliata dalla magnificenza della stanza
and she was quite dazzled with the magnificence of the room
Ciò che attirava principalmente la sua attenzione era una grande biblioteca
what chiefly took up her attention was a large library
un clavicembalo e diversi libri di musica

a harpsichord and several music books
«Ebbene», disse tra sé
"Well," said she to herself
"Vedo che la Bestia non lascerà che il mio tempo penda pesantemente"
"I see the Beast will not let my time hang heavy"
Poi ha riflettuto tra sé e sé sulla sua situazione
then she reflected to herself about her situation
"Se dovessi restare un giorno tutto questo non sarebbe qui"
"If I was meant to stay a day all this would not be here"
Questa considerazione le ispirò nuovo coraggio
this consideration inspired her with fresh courage
e prese un libro dalla sua nuova biblioteca
and she took a book from her new library
E lesse queste parole a lettere d'oro:
and she read these words in golden letters:
"Benvenuta Bella, scaccia la paura"
"Welcome Beauty, banish fear"
"Tu sei la regina e la padrona qui"
"You are queen and mistress here"
"Esprimi i tuoi desideri, esprimi la tua volontà"
"Speak your wishes, speak your will"
"La rapida obbedienza soddisfa i tuoi desideri qui"
"Swift obedience meets your wishes here"
«Ahimè», disse lei, con un sospiro
"Alas," said she, with a sigh
"Più di tutto desidero vedere il mio povero padre"
"Most of all I wish to see my poor father"
"e vorrei sapere cosa sta facendo"
"and I would like to know what he is doing"
Appena ebbe detto questo, notò lo specchio
As soon as she had said this she noticed the mirror
Con suo grande stupore vide la propria casa nello specchio
to her great amazement she saw her own home in the mirror
Suo padre è arrivato emotivamente esausto
her father arrived emotionally exhausted

Le sue sorelle gli andarono incontro
her sisters went to meet him
Nonostante i loro tentativi di apparire addolorati, la loro gioia era visibile
despite their attempts to appear sorrowful, their joy was visible
Un attimo dopo tutto scomparve
a moment later everything disappeared
e anche le apprensioni di Bella scomparvero
and Beauty's apprehensions disappeared too
perché sapeva di potersi fidare della Bestia
for she knew she could trust the Beast
A mezzogiorno trovò la cena pronta
At noon she found dinner ready
Si sedette a tavola
she sat herself down at the table
e fu intrattenuta con un concerto di musica
and she was entertained with a concert of music
anche se non riusciva a vedere nessuno
although she couldn't see anybody
La sera si sedette di nuovo a cena
at night she sat down for supper again
questa volta sentì il rumore che faceva la Bestia
this time she heard the noise the Beast made
e non poté fare a meno di essere terrorizzata
and she could not help being terrified
"Bella," disse il mostro
"Beauty," said the monster
"Mi permetti di mangiare con te?"
"do you allow me to eat with you?"
"Fai come ti pare," rispose Bella tremante
"do as you please," Beauty answered trembling
"No," rispose la Bestia
"No," replied the Beast
"Tu sola sei la padrona qui"
"you alone are mistress here"

"Puoi mandarmi via se sono fastidioso"
"you can send me away if I'm troublesome"
"mandami via e mi ritirerò immediatamente"
"send me away and I will immediately withdraw"
"Ma, dimmi; non pensi che io sia molto brutta?"
"But, tell me; do you not think I am very ugly?"
«È vero» disse Bella
"That is true," said Beauty
"Non posso dire una bugia"
"I cannot tell a lie"
"ma credo che tu sia di buon carattere"
"but I believe you are very good natured"
"Lo sono davvero," disse il mostro
"I am indeed," said the monster
"Ma a parte la mia bruttezza, non ho nemmeno senno"
"But apart from my ugliness, I also have no sense"
"So benissimo di essere una creatura sciocca"
"I know very well that I am a silly creature"
«Non è un segno di follia pensarlo», rispose Bella
"It is no sign of folly to think so," replied Beauty
"Mangia allora, Bella," disse il mostro
"Eat then, Beauty," said the monster
"Cerca di divertirti nel tuo palazzo"
"try to amuse yourself in your palace"
"Tutto qui è tuo"
"everything here is yours"
"e mi sentirei molto a disagio se tu non fossi felice"
"and I would be very uneasy if you were not happy"
"Sei molto cortese," rispose Bella
"You are very obliging," answered Beauty
"Ammetto di essere contento della tua gentilezza"
"I admit I am pleased with your kindness"
"e quando considero la tua gentilezza, quasi non noto le tue deformità"
"and when I consider your kindness, I hardly notice your deformities"

"Sì, sì," disse la Bestia, "il mio cuore è buono
"Yes, yes," said the Beast, "my heart is good
"ma anche se sono bravo, sono pur sempre un mostro"
"but although I am good, I am still a monster"
"Ci sono molti uomini che meritano questo nome più di te"
"There are many men that deserve that name more than you"
"e ti preferisco così come sei"
"and I prefer you just as you are"
"e ti preferisco più di quelli che nascondono un cuore ingrato"
"and I prefer you more than those who hide an ungrateful heart"
"se solo avessi un po' di buonsenso," rispose la Bestia
"if only I had some sense," replied the Beast
"se avessi buon senso farei un bel complimento per ringraziarvi"
"if I had sense I would make a fine compliment to thank you"
"ma sono così ottuso"
"but I am so dull"
"Posso solo dire che ti sono molto grato"
"I can only say I am greatly obliged to you"
Bella ha mangiato una cena abbondante
Beauty ate a hearty supper
e aveva quasi vinto il suo terrore del mostro
and she had almost conquered her dread of the monster
ma voleva svenire quando la Bestia le fece la domanda successiva
but she wanted to faint when the Beast asked her the next question
"Bella, vuoi essere mia moglie?"
"Beauty, will you be my wife?"
Ci mise un po' di tempo prima di poter rispondere
she took some time before she could answer
perché aveva paura di farlo arrabbiare
because she was afraid of making him angry
alla fine, però, disse "no, Bestia"

at last, however, she said "no, Beast"
Immediatamente il povero mostro sibilò spaventosamente
immediately the poor monster hissed very frightfully
e tutto il palazzo echeggiò
and the whole palace echoed
ma Bella si riprese presto dallo spavento
but Beauty soon recovered from her fright
perché la Bestia parlò di nuovo con voce triste
because Beast spoke again in a mournful voice
"allora addio, Bella"
"then farewell, Beauty"
e lui tornava indietro solo di tanto in tanto
and he only turned back now and then
a guardarla mentre usciva
to look at her as he went out
ora Bella era di nuovo sola
now Beauty was alone again
Provava una grande compassione
she felt a great deal of compassion
"Ahimè, sono mille pietà"
"Alas, it is a thousand pities"
"Tutto ciò che è così bonario non dovrebbe essere così brutto"
"anything so good natured should not be so ugly"
Bella trascorse tre mesi molto contenta nel palazzo
Beauty spent three months very contentedly in the palace
ogni sera la Bestia le faceva visita
every evening the Beast paid her a visit
e parlarono durante la cena
and they talked during supper
Parlavano con buon senso
they talked with common sense
Ma non parlavano con quella che la gente chiama arguzia
but they didn't talk with what people call wittiness
Bella ha sempre scoperto un carattere prezioso nella Bestia
Beauty always discovered some valuable character in the

Beast
e si era abituata alla sua deformità
and she had gotten used to his deformity
Non temeva più l'ora della sua visita
she didn't dread the time of his visit anymore
ora guardava spesso l'orologio
now she often looked at her watch
e non vedeva l'ora che fossero le nove
and she couldn't wait for it to be nine o'clock
perché la Bestia non mancava mai di arrivare a quell'ora
because the Beast never missed coming at that hour
c'era solo una cosa che riguardava Bella
there was only one thing that concerned Beauty
ogni sera, prima di andare a letto, la Bestia le faceva la stessa domanda
every night before she went to bed the Beast asked her the same question
Il mostro le chiese se sarebbe stata sua moglie
the monster asked her if she would be his wife
un giorno gli disse: "Bestia, mi metti molto a disagio"
one day she said to him, "Beast, you make me very uneasy"
"Vorrei poter acconsentire a sposarti"
"I wish I could consent to marry you"
"ma sono troppo sincero per farti credere che ti sposerei"
"but I am too sincere to make you believe I would marry you"
"Il nostro matrimonio non si farà mai"
"our marriage will never happen"
"Ti vedrò sempre come un amico"
"I shall always see you as a friend"
"Per favore, cerca di essere soddisfatto di questo"
"please try to be satisfied with this"
"Devo essere soddisfatto di questo," disse la Bestia
"I must be satisfied with this," said the Beast
"Conosco la mia sfortuna"
"I know my own misfortune"
"ma io ti amo con il più tenero affetto"

"but I love you with the tenderest affection"
"Tuttavia, dovrei considerarmi felice"
"However, I ought to consider myself as happy"
"e sarei felice che tu restassi qui"
"and I should be happy that you will stay here"
"Promettimi di non lasciarmi mai"
"promise me never to leave me"
Bella arrossì a queste parole
Beauty blushed at these words
un giorno Bella si guardava allo specchio
one day Beauty was looking in her mirror
suo padre si era preoccupato da morire per lei
her father had worried himself sick for her
desiderava rivederlo più che mai
she longed to see him again more than ever
"Potrei promettermi di non lasciarti mai del tutto"
"I could promise never to leave you entirely"
"ma ho tanta voglia di vedere mio padre"
"but I have so great a desire to see my father"
"Sarei incredibilmente arrabbiato se dicessi di no"
"I would be impossibly upset if you say no"
«Preferirei morire io stesso», disse il mostro
"I had rather die myself," said the monster
"Preferirei morire piuttosto che farti sentire a disagio"
"I would rather die than make you feel uneasiness"
"Ti manderò da tuo padre"
"I will send you to your father"
"Tu rimarrai con lui"
"you shall remain with him"
"e questa sfortunata Bestia morirà invece di dolore"
"and this unfortunate Beast will die with grief instead"
«No», disse Bella, piangendo
"No," said Beauty, weeping
"Ti amo troppo per essere la causa della tua morte"
"I love you too much to be the cause of your death"
"Ti prometto di tornare tra una settimana"

"I give you my promise to return in a week"
"Mi hai mostrato che le mie sorelle sono sposate"
"You have shown me that my sisters are married"
"E i miei fratelli sono andati all'esercito"
"and my brothers have gone to the army"
"Lasciami stare una settimana con mio padre, perché è solo"
"let me stay a week with my father, as he is alone"
"Sarai lì domani mattina," disse la Bestia
"You shall be there tomorrow morning," said the Beast
"Ma ricordati della tua promessa"
"but remember your promise"
"Devi solo posare il tuo anello su un tavolo prima di andare a letto"
"You need only lay your ring on a table before you go to bed"
"E poi sarai ricondotto prima del mattino"
"and then you will be brought back before the morning"
"Addio cara Bella," sospirò la Bestia
"Farewell dear Beauty," sighed the Beast
Bella andò a letto molto triste quella notte
Beauty went to bed very sad that night
perché non voleva vedere la Bestia così preoccupata
because she didn't want to see Beast so worried
La mattina dopo si ritrovò a casa di suo padre
the next morning she found herself at her father's home
Ha suonato un campanello accanto al suo letto
she rung a little bell by her bedside
e la cameriera lanciò un forte grido
and the maid gave a loud shriek
e suo padre corse al piano di sopra
and her father ran upstairs
Pensava che sarebbe morto di gioia
he thought he was going to die with joy
La tenne tra le braccia per un quarto d'ora
he held her in his arms for quarter of an hour
Alla fine i primi saluti erano finiti
eventually the first greetings were over

Bella cominciò a pensare di alzarsi dal letto
Beauty began to think of getting out of bed
ma si rese conto di non aver portato vestiti
but she realized she had brought no clothes
ma la cameriera le disse che aveva trovato una scatola
but the maid told her she had found a box
Il grande baule era pieno di abiti e vestiti
the large trunk was full of gowns and dresses
Ogni abito era ricoperto d'oro e diamanti
each gown was covered with gold and diamonds
Bella ringraziò la Bestia per le sue gentili cure
Beauty thanked Beast for his kind care
e prese uno dei vestiti più semplici
and she took one of the plainest of the dresses
Intendeva dare gli altri abiti alle sue sorelle
she intended to give the other dresses to her sisters
ma a quel pensiero il baule dei vestiti scomparve
but at that thought the chest of clothes disappeared
La Bestia aveva insistito che i vestiti erano solo per lei
Beast had insisted the clothes were for her only
Suo padre le disse che era così
her father told her that this was the case
e subito il baule dei vestiti tornò di nuovo
and immediately the trunk of clothes came back again
Bella si è vestita con i suoi nuovi vestiti
Beauty dressed herself with her new clothes
e nel frattempo le cameriere andavano a cercare le sue sorelle
and in the meantime maids went to find her sisters
Entrambe le sorelle erano con i loro mariti
both her sister were with their husbands
ma entrambe le sue sorelle erano molto infelici
but both her sisters were very unhappy
La sorella maggiore aveva sposato un gentiluomo molto bello
her eldest sister had married a very handsome gentleman
ma era così affezionato a se stesso che trascurava sua moglie

but he was so fond of himself that he neglected his wife
La sua seconda sorella aveva sposato un uomo spiritoso
her second sister had married a witty man
Ma usava la sua arguzia per tormentare la gente
but he used his wittiness to torment people
e tormentava sua moglie più di ogni altra cosa
and he tormented his wife most of all
Le sorelle di Bella la videro vestita come una principessa
Beauty's sisters saw her dressed like a princess
ed erano nauseati d'invidia
and they were sickened with envy
ora era più bella che mai
now she was more beautiful than ever
Il suo comportamento affettuoso non riusciva a soffocare la loro gelosia
her affectionate behaviour could not stifle their jealousy
disse loro quanto fosse felice con la Bestia
she told them how happy she was with the Beast
e la loro gelosia era pronta a scoppiare
and their jealousy was ready to burst
Scesero in giardino a piangere per la loro sfortuna
They went down into the garden to cry about their misfortune
"In che senso questa piccola creatura è migliore di noi?"
"In what way is this little creature better than us?"
«Perché dovrebbe essere molto più felice?»
"Why should she be so much happier?"
"Sorella", disse la sorella maggiore
"Sister," said the older sister
"Un pensiero mi ha colpito la mente"
"a thought just struck my mind"
"Cerchiamo di tenerla qui per più di una settimana"
"let us try to keep her here for more than a week"
"Forse questo farà infuriare lo sciocco mostro"
"perhaps this will enrage the silly monster"
"perché avrebbe mancato alla sua parola"
"because she would have broken her word"

"e allora potrebbe divorarla"
"and then he might devour her"

«È un'ottima idea», rispose l'altra sorella
"that's a great idea," answered the other sister

"Dobbiamo mostrarle quanta più gentilezza possibile"
"we must show her as much kindness as possible"

Le suore presero questa decisione
the sisters made this their resolution

e si comportavano molto affettuosamente con la sorella
and they behaved very affectionately to their sister

la povera Bella piangeva di gioia per tutta la sua gentilezza
poor Beauty wept for joy from all their kindness

Quando la settimana era scaduta, piangevano e si strappavano i capelli
when the week was expired, they cried and tore their hair

Sembravano così dispiaciuti di separarsi da lei
they seemed so sorry to part with her

e Bella ha promesso di rimanere una settimana in più
and Beauty promised to stay a week longer

Nel frattempo, Bella non poteva fare a meno di riflettere su se stessa
In the meantime, Beauty could not help reflecting on herself

si preoccupava di quello che stava facendo alla povera Bestia
she worried what she was doing to poor Beast

Lei sa che lo amava sinceramente
she know that she sincerely loved him

e desiderava davvero rivederlo
and she really longed to see him again

la decima notte la passò anche lei a casa del padre
the tenth night she spent at her father's too

Sognò di essere nel giardino del palazzo
she dreamed she was in the palace garden

e sognò di vedere la Bestia distesa sull'erba
and she dreamt she saw the Beast extended on the grass

sembrava rimproverarla con voce morente
he seemed to reproach her in a dying voice

e lui l'accusò di ingratitudine
and he accused her of ingratitude
Bella si svegliò dal suo sonno
Beauty woke up from her sleep
e scoppiò in lacrime
and she burst into tears
"Non sono io molto malvagio?"
"Am I not very wicked?"
«Non è stato crudele da parte mia comportarmi in modo così scortese con la Bestia?»
"Was it not cruel of me to act so unkindly to the Beast?"
"La bestia ha fatto di tutto per farmi piacere"
"Beast did everything to please me"
«È colpa sua se è così brutto?»
"Is it his fault that he is so ugly?"
«È colpa sua se ha così poco spirito?»
"Is it his fault that he has so little wit?"
"È buono e gentile, e questo basta"
"He is kind and good, and that is sufficient"
"Perché ho rifiutato di sposarlo?"
"Why did I refuse to marry him?"
"Dovrei essere felice con il mostro"
"I should be happy with the monster"
"Guarda i mariti delle mie sorelle"
"look at the husbands of my sisters"
"né l'arguzia, né l'essere bello li rende buoni"
"neither wittiness, nor a being handsome makes them good"
"Nessuno dei loro mariti le rende felici"
"neither of their husbands makes them happy"
"ma virtù, dolcezza d'animo e pazienza"
"but virtue, sweetness of temper, and patience"
"Queste cose rendono felice la donna"
"these things make a woman happy"
"e la Bestia ha tutte queste preziose qualità"
"and the Beast has all these valuable qualities"
"È vero; Non sento la tenerezza dell'affetto per lui"

"it is true; I do not feel the tenderness of affection for him"
"ma trovo di avere la più alta gratitudine per lui"
"but I find I have the highest gratitude for him"
"e ho la più alta stima di lui"
"and I have the highest esteem of him"
"E lui è il mio migliore amico"
"and he is my best friend"
"Non lo renderò infelice"
"I will not make him miserable"
"Se fossi così ingrato, non me lo perdonerei mai"
"If were I to be so ungrateful I would never forgive myself"
Bella ha messo il suo anello sul tavolo
Beauty put her ring on the table
e andò di nuovo a letto
and she went to bed again
Era appena a letto che si addormentò
scarce was she in bed before she fell asleep
Si svegliò di nuovo la mattina dopo
she woke up again the next morning
ed era felicissima di trovarsi nel palazzo della Bestia
and she was overjoyed to find herself in the Beast's palace
Ha indossato uno dei suoi vestiti più belli per compiacerlo
she put on one of her nicest dress to please him
e attese pazientemente la sera
and she patiently waited for evening
Finalmente giunse l'ora desiderata
at last the wished-for hour came
l'orologio batté le nove, ma non apparve nessuna Bestia
the clock struck nine, yet no Beast appeared
Bella allora temeva di essere stata la causa della sua morte
Beauty then feared she had been the cause of his death
Corse piangendo per tutto il palazzo
she ran crying all around the palace
Dopo averlo cercato dappertutto, si ricordò del suo sogno
after having sought for him everywhere, she remembered her dream

e corse verso il canale in giardino
and she ran to the canal in the garden
lì trovò la povera Bestia distesa
there she found poor Beast stretched out
ed era sicura di averlo ucciso
and she was sure she had killed him
gli si gettò addosso senza alcun timore
she threw herself upon him without any dread
il suo cuore batteva ancora
his heart was still beating
andò a prendere un po' d'acqua dal canale
she fetched some water from the canal
E gli versò l'acqua sul capo
and she poured the water on his head
la Bestia aprì gli occhi e parlò alla Bella
the Beast opened his eyes and spoke to Beauty
"Hai dimenticato la tua promessa"
"You forgot your promise"
"Avevo il cuore spezzato per averti perso"
"I was so heartbroken to have lost you"
"Ho deciso di morire di fame"
"I resolved to starve myself"
"ma ho la felicità di rivederti ancora una volta"
"but I have the happiness of seeing you once more"
"così ho il piacere di morire soddisfatto"
"so I have the pleasure of dying satisfied"
"No, cara Bestia," disse Bella, "non devi morire"
"No, dear Beast," said Beauty, "you must not die"
"Vivere per essere mio marito"
"Live to be my husband"
"da questo momento ti do la mia mano"
"from this moment I give you my hand"
"e giuro di essere solo tuo"
"and I swear to be none but yours"
"Ahimè! Pensavo di avere solo un'amicizia per te"
"Alas! I thought I had only a friendship for you"

"ma il dolore che provo ora mi convince";
"but the grief I now feel convinces me;"
"Non posso vivere senza di te"
"I cannot live without you"
Bella aveva appena pronunciato queste parole quando vide una luce
Beauty scarce had said these words when she saw a light
Il palazzo brillava di luce
the palace sparkled with light
I fuochi d'artificio illuminavano il cielo
fireworks lit up the sky
e l'aria piena di musica
and the air filled with music
Tutto dava l'avviso di qualche grande evento
everything gave notice of some great event
ma nulla riusciva a catturare la sua attenzione
but nothing could hold her attention
si rivolse alla sua cara Bestia
she turned to her dear Beast
la Bestia per la quale tremava di paura
the Beast for whom she trembled with fear
Ma la sua sorpresa fu grande per quello che vide!
but her surprise was great at what she saw!
la Bestia era scomparsa
the Beast had disappeared
invece vide il principe più bello
instead she saw the loveliest prince
Aveva messo fine all'incantesimo
she had put an end to the spell
un incantesimo sotto il quale assomigliava a una Bestia
a spell under which he resembled a Beast
Questo principe era degno di tutta la sua attenzione
this prince was worthy of all her attention
ma non poté fare a meno di chiedere dove fosse la Bestia
but she could not help but ask where the Beast was
"Lo vedi ai tuoi piedi," disse il principe

"You see him at your feet," said the prince
"Una fata malvagia mi aveva condannato"
"A wicked fairy had condemned me"
"Dovevo rimanere in quella forma fino a quando una bella principessa non avesse accettato di sposarmi"
"I was to remain in that shape until a beautiful princess agreed to marry me"
"La fata ha nascosto il mio intelletto"
"the fairy hid my understanding"
"Sei stato l'unico abbastanza generoso da essere affascinato dalla bontà del mio carattere"
"you were the only one generous enough to be charmed by the goodness of my temper"
Bella è stata felicemente sorpresa
Beauty was happily surprised
e diede la mano al principe azzurro
and she gave the charming prince her hand
Entrarono insieme nel castello
they went together into the castle
e Bella fu felicissima di trovare suo padre nel castello
and Beauty was overjoyed to find her father in the castle
e c'era anche tutta la sua famiglia
and her whole family were there too
Anche Bella signora che le era apparsa in sogno era lì
even the beautiful lady that appeared in her dream was there
"Bella", disse la dama del sogno
"Beauty," said the lady from the dream
"Vieni e ricevi la tua ricompensa"
"come and receive your reward"
"Hai preferito la virtù all'arguzia o all'aspetto"
"you have preferred virtue over wit or looks"
"E tu meriti qualcuno in cui queste qualità siano unite"
"and you deserve someone in whom these qualities are united"
"Diventerai una grande regina"
"you are going to be a great queen"

"Spero che il trono non diminuisca la tua virtù"
"I hope the throne will not lessen your virtue"
Allora la fata si rivolse alle due sorelle
then the fairy turned to the two sisters
"Ho visto dentro i vostri cuori"
"I have seen inside your hearts"
"e conosco tutta la malizia che i vostri cuori contengono"
"and I know all the malice your hearts contain"
"Voi due diventerete statue"
"you two will become statues"
"Ma voi manterrete la vostra mente"
"but you will keep your minds"
"Ti fermerai alle porte del palazzo di tua sorella"
"you shall stand at the gates of your sister's palace"
"La felicità di tua sorella sarà la tua punizione"
"your sister's happiness shall be your punishment"
"Non potrai tornare ai tuoi stati precedenti"
"you won't be able to return to your former states"
"A meno che entrambi non ammettiate le vostre colpe"
"unless, you both admit your faults"
"ma prevedo che rimarrete sempre statue"
"but I am foresee that you will always remain statues"
"L'orgoglio, l'ira, la gola e l'ozio sono talvolta vinti"
"pride, anger, gluttony, and idleness are sometimes conquered"
"Ma la conversione delle menti invidiose e maligne sono miracoli"
"but the conversion of envious and malicious minds are miracles"
Immediatamente la fata diede un colpo con la bacchetta
immediately the fairy gave a stroke with her wand
e in un attimo tutti quelli che erano nella sala furono trasportati
and in a moment all that were in the hall were transported
Erano entrati nei domini del principe
they had gone into the prince's dominions

I sudditi del principe lo accolsero con gioia
the prince's subjects received him with joy
il prete sposò Bella e la bestia
the priest married Beauty and the Beast
e visse con lei molti anni
and he lived with her many years
e la loro felicità era completa
and their happiness was complete
perché la loro felicità era fondata sulla virtù
because their happiness was founded on virtue

La fine
The End

www.tranzlaty.com

www.ingramcontent.com/pod-product-compliance
Lightning Source LLC
Chambersburg PA
CBHW011554070526
44585CB00023B/2598